LETTRE À MES ÉTUDIANTS

SUIVI DE

DOUZE RÉPONSES D'ÉTUDIANTS

FRÉDERIC JULIEN

Lettre à mes étudiants

Apprendre à lire
et donner à voir

suivi de

Douze réponses d'étudiants

PRÉFI

Données de catalogage avant publication (Canada)

Julien, Frédéric, 1964-

    Lettre à mes étudiants : apprendre à lire et donner à voir

    ISBN 2-922712-10-9

    1. Lecture. 2. Lecture – Compréhension.
    3. Critique. I. Titre.

LB1050 J84 2002   418'.4   C2002-941279-X

DISTRIBUTION AU QUÉBEC :

FIDES
165, rue Deslauriers,
Montréal (Québec)
Canada H4N 2S4
courriel : nada@fides.qc.ca
fax : (514) 745-4299

© 2002, Les Presses Philosophiques.
B.P. 88053
Longueuil (Québec)
Canada J4H 4C8
courriel : prephi@videotron.ca
fax : (450) 670-6887

Mise en page : Yolande Martel
Illustration de la couverture : Maude Bonenfant

Lettre à mes étudiants

Chers étudiants,

Peut-être avez-vous déjà entendu parler (ou même lu !) un roman d'anticipation de Ray Bradbury qui porte l'énigmatique titre de *Fahrenheit 451*. C'est ce qu'on pourrait appeler – un peu trop facilement diront certains – un « classique » de la science-fiction, au même titre que *Le Meilleur des mondes* d'Aldous Huxley ou *1984* de George Orwell. Non pas parce qu'il est admirablement bien écrit (surtout pour un genre dit « populaire »), mais parce qu'il a le mérite de parler de façon prophétique des dangers qui guettent la civilisation occidentale si on continue de mépriser le passé, la culture, la littérature.

Ce roman raconte l'histoire d'un pompier, Guy Montag, qui a pour tâche de brûler les livres et cela au nom du mieux-être d'une société qui privilégie le divertissement et l'oubli à n'importe quel prix. À la suite de différents événements et rencontres qui constituent autant de déclencheurs, Montag va s'ouvrir progressivement les yeux, va vouloir savoir ce que contiennent ces livres dont on fait tant de cas. À un moment du récit, il se retrouve poursuivi par un «limier-robot», une sorte de chien-tueur mécanique ainsi que par des caméras montées sur des hélicoptères, devenant pour quelques instants la vedette involontaire d'une émission de télévision *live* à grand déploiement, comme on en voit de plus en plus aujourd'hui (songez que cette œuvre a été publiée en 1953, quelques années seulement après les premières diffusions télévisuelles, trente ans avant le *Running Man* de Stephen King et quarante avant l'arrestation en direct de O.J. Simpson!).

Mais voilà que notre héros, intoxiqué par ses anciennes habitudes de téléspectateur passif, trouve encore le réflexe de se hisser à la fenêtre d'une maison pour suivre lui aussi à l'écran le fascinant spectacle de sa propre poursuite : «Montag dut faire un effort pour se rappeler une fois de plus que ceci n'était pas un feuilleton qu'il pouvait se permettre de suivre dans sa course vers le fleuve [...][1].»

En réagissant ainsi, Montag nous parle involontairement, mais de façon percutante, de la fascination qu'exerce sur nous l'image, quelle qu'elle soit : sur papier glacé dans un magazine de mode, en

---

1. Ray BRADBURY, *Fahrenheit 451*, Paris, Gallimard («Folio»), 2001, p. 180.

mouvement sur petit ou grand écran ou, mieux encore, en trois dimensions virtuelles grâce aux nouvelles technologies électronico-informatiques. Or – je ne vous apprendrai rien – cinquante ans après les intuitions prophétiques de Bradbury, force est de constater que nous baignons dans un océan de plus en plus agité et de plus en plus diluvien d'images de toutes sortes. À l'instar de Mildred, la femme de Montag, qui passe ses journées entre ses trois murs-écrans à discuter avec une famille virtuelle dans une fausse et aliénante dynamique interactive, nous avons et nous aurons accès à de plus en plus de choses tout en restant confortablement assis dans le fauteuil de notre salon, et cela de plus en plus vite par l'intermédiaire d'images (et de mots!) apparaissant sur l'écran de la télévision ou de l'ordinateur ou des deux à la fois. «Nous vivons à l'heure de la pop culture et de l'image. C'est le nouveau langage vers lequel les jeunes s'orientent[2]», clame Leonard Steinhorn, un intellectuel américain de renom, au cours d'une interview reproduite par Richard Martineau dans son *Pour en finir avec les ennemis de la télévision*.

---

2. Richard Martineau, *Pour en finir avec les ennemis de la télévision*, Montréal, Boréal, 1993, p. 65.

«Un monde sans images est désormais impensable[3]», n'hésite pas à déclarer de son côté Christian Bobin, un écrivain français que j'apprécie beaucoup, entre autres parce qu'il pose un regard éclairé sur le monde. L'image est là pour rester, personne ne peut contester raisonnablement cet état de fait. Elle est en train d'envahir notre vie, ne serait-ce qu'à travers l'omniprésente et omnipotente publicité. Elle se raffine et prend des formes insoupçonnées, au point que nous pouvons déjà la trafiquer non seulement sur papier mais aussi sur écran, puisque nous avons la possibilité maintenant de remplacer un individu par son clone visuel à l'aide d'échantillons d'expressions du visage et de gestes du corps reproduits par ordinateur.

Si je parle tant d'image, c'est qu'elle est plus utilisée que jamais par les médias (même les journaux lui sacrifient une place toujours plus grande, avec «l'illusion, nous dit Ignacio Ramonet, que voir c'est comprendre[4]»), parce qu'elle est facile à saisir par le grand public (on dit que la télévision est démocratique pour cette raison!), qu'elle vaut, paraît-il, mille

---

3. Christian BOBIN, *L'Inespérée*, Paris, Gallimard («Folio»), 1994, p. 25.

4. Ignacio RAMONET, *La Tyrannie de la communication*, Paris, Galilée, 1999, p. 190.

mots et qu'elle permet ainsi de faire passer plus d'informations en moins de temps.

À ce sujet, dans la même interview que j'évoquais plus haut, le professeur Steinhorn poursuit son analyse de la société dite «postmoderne» en des termes qui peuvent nous faire réfléchir : «À l'aide de la télé, de la vidéo et des ordinateurs – jeux électroniques compris –, nos enfants arrivent à *digérer* des quantités considérables d'informations.» Et d'ajouter un peu plus loin : «Vous savez, les gens veulent tout savoir… et vite. L'offre est monstrueuse. Il est extrêmement difficile de gérer efficacement cette trop grande quantité d'informations. La télé, l'image de façon générale, nous permet de *digérer* beaucoup plus rapidement et efficacement ce bombardement[5].»

Ce qui me frappe dans ces deux extraits, c'est la récurrence du mot «digérer». Ce mot, je le relève (et le souligne) en sachant très bien qu'il s'agit d'une traduction et qu'il me faut donc être prudent dans mes conclusions, mais, tout de même, cela laisse songeur… Cette métaphore me fait penser à tout ce que l'*homo americanus* (et *occidentalis*) consomme comme calories (de deux à trois fois trop, dit-on), à

---

5. Richard Martineau, *op. cit.*, p. 66.

13

tout ce qu'il parvient à digérer dans le vrai sens du terme comme graisses, sucres et additifs chimiques, sans pour autant que ces différents nutriments aient été utiles à la croissance ou au bien-être de son organisme! Il est au contraire de plus en plus clair que cette surconsommation provoque des déséquilibres, des fatigues (la digestion, dans ce cas, nécessitant davantage d'énergie qu'elle n'en procure), des pollutions de toutes sortes. La métaphore, comme vous pouvez le constater, est donc très parlante (même si elle n'était probablement pas voulue par Steinhorn qui n'a peut-être pas lu Montaigne), car l'important, me semble-t-il, n'est pas de «digérer», mais bien plutôt d'assimiler, de «métaboliser» l'information pour en faire quelque chose de véritablement utile à la croissance et au bien-être de l'individu. D'autant plus que ce n'est pas tellement l'information qui importe (et, là encore, Steinhorn parle de quantité et non de qualité) que ce qu'on en fait. Déjà, il y a plus de cinquante ans, le poète et auteur dramatique T. S. Eliot posait les bonnes questions: «Dans un monde d'informations, qu'advient-il de la connaissance? Dans un monde de connaissances, qu'advient-il de la sagesse?» Le simple fait que le mot même de *sagesse* soit tombé en désuétude (ou qu'on en fasse si peu cas à l'école, dans les médias ou ailleurs) en dit long sur notre « société de l'information » !

Mais, pour fabriquer de la connaissance ou, mieux encore, de la sagesse, il faut avoir développé une aptitude à filtrer, trier, épurer l'information, et donc à l'analyser convenablement pour en dégager l'essentiel. Or Steinhorn dit aussi à un autre moment de l'entrevue : « La capacité d'analyser un vidéo de Madonna est plus importante qu'on ne le croit dans nos économies postindustrielles[6]. » Mais encore faut-il en être capable ! Et c'est là précisément que je veux en venir : je crois que, pour être capable d'analyser un clip, un discours politique, un article de journal, un flash publicitaire ou, revenant à notre Montag en train de se regarder lui-même à l'écran, pour être capable de s'extirper de la fascination qu'exerce une image (surtout quand elle vient flatter, comme elle le fait trop souvent, nos « bas instincts » avec des sujets violents, scabreux ou sexuels... parlez-en à Jerry Springer !), il faut d'abord avoir appris à lire, il faut avoir appris à créer de la distance.

Lecture et mise à distance (recul critique) : deux outils essentiels, deux armes qui manquent à une époque où tout va à une cadence infernale, où « la

6. Richard MARTINEAU, *op. cit.*, p. 65.

vie devient un immense tape-cul[7] » (comme le dit si bien Beatty, le supérieur de Montag), sans répit, sans filet, sans le filtre ou le support traditionnel de la religion, des idéologies ou des élites soi-disant «éclairées». (George W. Bush, un des hommes les plus puissants de la planète, a-t-il fini par «lire» dans le premier nom choisi pour son opération de représailles – «Justice infinie» – la connotation fanatico-religieuse qu'il comportait?)

D'abord apprendre à lire. C'est l'écrivain Paul Claudel qui considérait que «*l'objet de la littérature consiste à nous apprendre à lire*». Par «lire», je veux dire comme le journaliste Pierre Foglia dans sa chronique de *La Presse* du 30 mars 1996 à propos de tous ces jeunes du secondaire qui ne savent pas écrire leur langue: «[…] lorsqu'on écrit de cette manière, c'est souvent qu'on ne sait pas lire. […] Ce qui s'appelle lire. Déchiffrer un message le moindrement complexe. Décoder un discours. Organiser sa pensée. Apprendre. Quand on ne sait pas lire, on ne sait pas apprendre…» C'est la nouvelle forme d'analphabétisme propre à l'Occident, qui est en train de se répandre d'une façon pandémique, pendant que la réalité moderne, elle, se complexifie et

---

7. Ray BRADBURY, *op. cit.*, p. 84.

que tout une couche de la population est en train d'être mise de côté parce qu'elle n'arrive plus à suivre le train du «progrès» et de la prospérité. Selon «L'état de la situation de la lecture et du livre», enquête effectuée par le ministère de la Culture et des Communications, 54 % de la main-d'œuvre québécoise, en 1996, tirait «sa rémunération de sa capacité de produire, repérer, analyser l'information[8]». Dans le même article, Foglia va encore plus loin en ajoutant que, «quand on ne sait pas lire, c'est le monde qui nous échappe».

Pour revenir à *Fahrenheit 451*, quand Montag découvre les livres, il décide, dans son désarroi, de se trouver un guide, un maître qui puisse l'aider à comprendre ce qu'il lit, car, là où il vit, ***on a désappris à lire et donc à penser. On a privilégié le divertissement*** et tenté par tous les moyens d'éviter de casser la tête aux citoyens avec des problèmes éthiques ou existentiels, ou avec quelque responsabilité. Comme l'explique encore Beatty, ce défenseur ultra-lucide

---

8. On ajoute que «32 % des opérateurs de machines doivent, dans le cadre de leur travail, consulter des documents complexes, tels que rapports ou articles scientifiques» (*État de la situation de la lecture et du livre*, ministère de la Culture et des Communications, 13 mars 1998).

de sa société : « Condensés de condensés de condensés. La politique ? Une colonne, deux phrases, un gros titre ! Et tout se volatilise ! La tête finit par vous tourner à un tel rythme sous le matraquage des éditeurs, diffuseurs, présentateurs, que la force centrifuge fait s'envoler toute pensée inutile, donc toute perte de temps[9] ! »

La réalité se complexifie, disais-je, et il paraît maintenant impossible de tout savoir sur tout, comme rêvaient de le faire les humanistes de la Renaissance ou les philosophes du siècle des Lumières. Ignacio Ramonet, le rédacteur en chef du très sérieux *Monde diplomatique*, dans un ouvrage intitulé *La Tyrannie de la communication*, fait remarquer que l'information contenue dans la seule édition dominicale du *New York Times* équivaut en quantité à tout ce qu'aurait appris durant sa vie entière un érudit du XVIe ou du XVIIe siècle ! Et pourtant, ce bon vieux et volumineux *New York Times*, tout autant que ses concurrents de par le monde, influencé par la télévision et ses exigences de facilité, de rapidité et de divertissement[10], se révèle trop

9. Ray BRADBURY, *op. cit.*, p. 83.
10. « Les informations doivent désormais avoir trois qualités principales : être faciles, rapides et amusantes. Ainsi, paradoxalement, les journaux ont simplifié leur discours au moment où

souvent impuissant à donner du sens, du moins au-delà du premier degré de l'information.

Apprendre à lire c'est donc peut-être – entre autres choses – apprendre à trouver du sens. En allant frapper à la porte de Faber, un vieux prof de littérature (!), Montag cherche non seulement à *comprendre ce qu'il lit mais aussi ce qu'il vit*: «On a tout ce qu'il faut pour être heureux, mais on ne l'est pas. Il manque quelque chose[11]», commence-t-il par lui confier.

À la question «Est-ce que les livres peuvent nous aider?», Faber répond affirmativement, comme on peut s'en douter, tout en ne niant pas le fait que «télévisions et radios pourraient transmettre la même profusion de détails et de savoir[12]» et que c'est «ce qu'il y avait autrefois dans les livres» (avant qu'on ne les purge, simplifie ou brûle) que Montag cherche. Moi qui, tel Obélix, suis tombé quand j'étais petit dans la marmite de la télé, du cinéma et de la bande dessinée, et qui ai retenu bien plus d'images, de répliques ou de musiques de films que de passages

---

le monde, transformé par la fin de la guerre froide et par la mondialisation économique, s'est considérablement complexifié» (Ignacio RAMONET, *op. cit.*, p. 196).

11. Ray BRADBURY, *op. cit.*, p. 114.

12. *Ibid.*, p. 115.

de romans ou de vers de poésie, j'aime à penser, comme l'écrivain Bobin cité plus haut, que la douleur, la joie, ou tout autre sentiment complexe et humain pourraient *aussi* trouver «un droit d'asile [...] dans l'église des images[13]». J'aime à penser que ce qu'on trouve d'impalpable et d'invisible dans les livres et dans l'encre peut aussi se retrouver dans les images (à condition de savoir filmer et de prendre son temps – j'y reviendrai). Du reste, je pourrais répondre moi aussi à Montag que les livres «n'ont absolument rien de magique», tout en n'omettant surtout pas d'ajouter comme Faber qu'«il n'y a de magie que dans ce qu'ils disent, dans la façon dont ils cousent les pièces et les morceaux de l'univers pour nous en faire un vêtement[14]». Or, pour que nous puissions nous fabriquer un tel vêtement de connaissances et de sagesse, il faut, toujours selon le professeur Faber de *Fahrenheit 451*, que trois éléments soient réunis : de l'information de qualité (et donc gorgée de vie !), du loisir pour l'assimiler, et la liberté d'agir en conséquence de ce que nous avons ainsi acquis.

---

13. Christian Bobin, *op. cit.*, p. 26.
14. Ray Bradbury, *op. cit.*, p. 115.

Du troisième élément je ne parlerai pas : je connais trop d'intellectuels, d'hommes et de femmes cultivés, de grands lecteurs qui se contentent de lire sans agir, sans se coudre un vêtement de leur savoir, sans faire de leurs lectures un moteur ou un carburant pour leur vie de tous les jours. Pour eux, comme pour le téléspectateur moyen, beaucoup d'informations, peu de connaissances et pas de sagesse.

Puisque *le but de ma lettre* – vous commencez à vous en douter – *est de vous vanter les mérites de la littérature et des lettres en général*, c'est sur les deux premiers éléments qu'il me semble important de nous attarder. Faber, mieux que n'importe quel théoricien de la littérature, résume bien la qualité de l'information que peut procurer un livre. Pour lui, s'il y a des livres qui ont de l'importance, c'est parce qu'ils ont de la texture, de la densité :

> Ce livre a des *pores*. Il a des traits. Vous pouvez le regarder au microscope. Sous le verre vous trouverez la vie en son infini foisonnement. Plus il y a de pores, plus il y a de détails directement empruntés à la vie par centimètre carré de papier, plus vous êtes dans la « littérature ». [...] Les bons écrivains touchent souvent la vie du doigt[15].

---

15. Ray BRADBURY, *op. cit.*, p. 115.

L'un de ceux-ci est sans nul doute Christian Bobin qui, dans *L'Inespérée*, cite un autre bon écrivain, yougoslave celui-là, Velibor Colic, qui «dit ce qu'il voit», et qui «voit dans la singularité d'un lieu et d'un acte [un chiffonnier tzigane qui prépare du café et de l'alcool pour accueillir dignement des soldats serbes qui viennent le massacrer] l'éternel du monde depuis ses débuts de monde : ainsi tu peux lire sans que le courage s'en aille, sans que tu te dises à quoi bon, ainsi tu donnes à la phrase le temps de s'écrire, à la douleur du monde le temps d'entrer dans ton esprit pour y délivrer son sens[16]».

«Donner des détails», «montrer les pores sur le visage de la vie[17]», que ce soit ses boutons ou ses grains de beauté, telles sont les forces de l'écriture (d'où la peur et la haine des livres selon Faber), mais aussi «donner à la douleur (ou à la joie) du monde le temps d'entrer dans notre esprit pour y délivrer son sens». Nous voilà tout naturellement dans le deuxième élément, celui du temps. Faber veut parler du «temps libre» nécessaire pour que l'information du livre puisse entrer en nous et faire son effet ; ce temps-là est usurpé à son époque et de plus en

---

16. Christian Bobin, *op. cit.*, p. 23.
17. Ray Bradbury, *op. cit.*, pp. 115-116.

plus compté dans la nôtre. Mais on pourrait parler aussi du temps que le livre procure. Isabelle Daunais, qui a écrit un court essai intitulé *Une vitesse littéraire : la lenteur*, semble penser que la lecture suspendrait en quelque sorte le temps, en tout cas qu'elle serait une expérience très particulière du temps donnant l'impression d'en perdre … tout en permettant d'en gagner («Les livres nous obligent à perdre notre temps d'une manière intelligente», selon Mircea Eliade), car, comme le dit encore mon collègue Faber, «le seul moyen, pour l'homme de la rue, d'en connaître 99 % [de ce qui se trouve dans ce vaste monde], ce sont les livres[18]».

Mais on pourrait me rétorquer (et je me le fais volontiers à moi-même) que le cinéma, la télé, l'ordinateur, avec leur flot continu d'images, peuvent en faire autant. Je le concéderais volontiers si on ne me parlait pas de flots et de «vidéoclipisation» des images, mais un peu plus d'«arrêts sur images», d'attention portée aux gens et aux choses, pour mieux s'en imprégner. Car on peut, et on doit d'après moi, se demander si la surabondance des images avec laquelle on nous mitraille – l'immédiateté sensorielle que nous donnent à vivre les technologies

---

18. Ray BRADBURY, *op. cit.*, p. 119.

du virtuel, l'imitation de plus en plus sophistiquée du réel, l'exacerbation toujours plus grande des sens et des affects – ne finissent pas par rendre impossible toute contemplation, toute interrogation, voire toute relation la moindrement profonde.

C'est Gustave Flaubert qui écrivait que «pour qu'une chose soit intéressante, il suffit de la regarder longtemps». Il me semble que toute personne de bonne volonté ayant passé dans un musée ne fût-ce que quelques minutes pour contempler un tableau de Vermeer ou de Van Gogh a pu trouver pour elle-même quelque sens, beauté ou même espoir.

La lecture oblige à un minimum de lenteur, elle est peut-être un des derniers havres de paix dans cette vie qui est devenue, selon la formule imagée et l'onomatopée de Beatty, «un concert de bing, bang, ouaaah![19]». «Le temps de lire est toujours du temps volé. (Tout comme le temps d'écrire, d'ailleurs, ou le temps d'aimer)[20]», pour reprendre quelques lignes du succulent *Comme un roman* de Daniel Pennac, cet autre prof de littérature. La lecture exige un certain effort, ne serait-ce que de concentration,

---

19. Ray Bradbury, *op. cit.*, p. 84.

20. Daniel Pennac, *Comme un roman*, Paris, Gallimard, 1992, pp. 124-125.

donc d'attention, elle n'a «pas grand-chose à voir avec un pyjama party», comme le souligne avec humour Christian Rioux, correspondant à Paris du *Devoir*, qui va même jusqu'à parler de «combat» et de «conquête», en plus du déplaisir et du doute suscités par l'acte même de lire[21]. Rien pour attirer le grand public avide de divertissement vers cette «activité solitaire qui [nous] oblige à [nous] soustraire à la communauté et à la vie». En outre, l'activité de lire donne à imaginer, donc à créer nos propres images (de là notre déception lorsqu'un livre est transposé à l'écran), elle permet de nous arrêter, de revenir en arrière, de mettre en perspective, de prendre des notes, et même de rêvasser, ce qui est devenu un luxe aujourd'hui.

Le problème de la télévision, par exemple, est non seulement une question de temps – qui coûte très cher la minute – mais d'absence de distance critique, ce qui au fond revient au même. Car, pour des raisons ne serait-ce que commerciales, la télévision ne fait pas que flatter nos bas instincts pour

---

21. Christian RIOUX, *Le Devoir*, 16 novembre 2001. Au demeurant, Rioux pense qu'«on ne change d'idée que devant un livre, en mâchant et en remâchant les paroles d'un autre», et non pas en cours de conversation où on est trop souvent occupé à parler, à préparer sa réplique, à protéger son ego.

captiver (capturer?) davantage son auditoire (on donne au peuple ce qu'il souhaite comme à l'époque des Romains lorsqu'on faisait s'entretuer des gladiateurs ou dévorer des esclaves chrétiens), mais on survalorise ce qui est spectaculaire et rapide, présent et proche. Ainsi, à l'occasion d'une interview dans un numéro du *Voir* d'octobre 1997, un des nouveaux papes de la télévision câblée, Moses Znaimer (grand patron et fondateur de MuchMusic, MusiquePlus, CityTv, Bravo!), énonçait comme suit trois de ses «dix commandements»: «3) La vraie nature de la télévision, c'est le mouvement. [...] 4) lorsque la télévision s'étend à toute la planète, la demande pour une programmation locale augmente. 5) La meilleure télévision est celle qui me dit ce qui m'est arrivé à moi, aujourd'hui.»

Nous nous retrouvons donc devant le paradoxe suivant: alors que les nouveaux médias – audiovisuels notamment – abolissent les distances (tout au moins géographiques), ils diminuent en même temps la distance critique, le recul... et, paradoxalement, augmentent la distance entre le réel et nous: ainsi, on se fie de plus en plus aux bulletins météo et de moins en moins à ce que nos sens peuvent nous dire sur le temps qu'il fera! Car les médias audiovisuels fondent leur fascination, leur pouvoir, sur l'abolition de la distance, sur «l'instantanéité (le temps réel), le *live*[22]», sur le fait qu'«on s'y croirait» : les tout nouveaux jeux vidéos (toujours plus «réels»), les *reality shows* télévisés (dont les récents *Big Brother* et *Survivor*) ou des films d'horreurs comme *The Blair Witch Project* sont là pour le prouver! Pour reprendre la très lucide analyse de Faber qui vit dans une société où les gens s'enferment derrière leurs «murs-écrans» (tels les êtres enchaînés de la caverne de Socrate) :

> Le téléviseur est «réel». Il est là, il a de la dimension. Il vous dit quoi penser, vous le hurle à la figure. Il *doit* avoir raison, tant il *paraît* avoir raison. Il vous précipite si vite vers ses propres conclusions que votre esprit n'a pas le temps de se récrier: «Quelle idiotie!» [...] Il constitue un environnement aussi réel que le monde. Il *devient*, il *est* la vérité[23].

Alors que l'audiovisuel prétend à l'immédiateté (donc à la non-médiation), qu'il prétend reproduire fidèlement la réalité, voire être plus réel que la réalité, la littérature, le livre de papier, d'encre et de mots, se pose d'emblée comme médiation, comme un intermédiaire, offrant par le fait même une distance.

---

22. Ignacio RAMONET, *op. cit.*, p. 191.
23. Ray BRADBURY, *op. cit.*, pp. 116-117.

On me rétorquera que c'est parce qu'il avait lu trop de romans de chevalerie que Don Quichotte est devenu fou et est parti en croisade contre des moulins à vent. Mais une lecture plus attentive de ce classique de la littérature universelle nous donne à penser que le célèbre hidalgo est sans doute plus lucide qu'il n'y paraît et qu'il préfère à la morne réalité une vie plus grande et plus noble, qu'il se construit grâce aux fantastiques possibilités de son imaginaire et de ses idéaux, processus éminemment romanesque et littéraire qui lui fait dire à son acolyte : «Crédule Sancho, mon frère, pour qui le monde n'est que ce qu'il est. Regarde! Il est aussi ce qu'il doit être et ce qu'il sera.» (Et c'est à lutter contre l'esprit borné et conventionnel de son entourage que le héros de Cervantès va s'épuiser et finalement tomber.) À la limite, on peut se dire que pour Quichotte aussi les mots des livres lus n'ont été que des tremplins ou des détonateurs pour son imagination débordante et qu'ils n'ont pas cessé d'être des intermédiaires, des médiations.

Est-ce ces mêmes raisons qui font dire à mon ancien professeur Jean Larose que la littérature enseigne la distance ? «La pratique des textes littéraires peut permettre à l'étudiant de s'affranchir de la tyrannie du moi», précise-t-il dans son essai paru en 1991, *L'Amour du pauvre*. Et de poursuivre : « La littérature, en permettant de s'écarter de soi, permet d'accueillir l'autre en soi : par la littérature, il est possible [...] de connaître l'expérience de l'autre sans en recevoir une leçon[24]. » La lecture d'œuvres littéraires permet de regarder l'autre vivre sa vie devant nous – un autre, quel qu'il soit, qu'il soit aussi éloigné de nous qu'Antigone, Jean Valjean ou Dracula. Ce spectacle et la relation qui s'installe nous offrent l'occasion de mieux accepter l'autre avec ses différences et ses ressemblances, mais aussi de mieux lire, ne serait-ce que par comparaison, son propre roman intérieur (selon la formule chère à Marcel Proust)... ce qui, vous l'avouerez, est bien éloigné de la pédagogie du connu, du vécu et du « parlez-moi de vos dernières vacances » que vous avez trop longtemps subie durant votre passage à l'école secondaire. Larose la dénonce d'ailleurs vertement au passage cette pseudo-pédagogie :

> Parce qu'on leur a appris non à chercher ce qu'il y avait de plus grand qu'eux dans les textes qui les ont précédés, mais à se prendre eux-mêmes comme point de départ suffisant de toute conception et de toute expression, ils [les élèves] sont condamnés à réinventer le

---

24. Jean LAROSE, *L'Amour du pauvre*, Montréal, Boréal, 1991, pp. 18-19.

bouton à quatre trous et à refaire pour eux-mêmes toutes les découvertes de la vie intellectuelle en se croyant les premiers à avoir eu chacune de leurs idées[25].

C'est sans doute pour cela que Larose, et bien d'autres penseurs avant et avec lui, privilégie l'enseignement de la littérature française (même pour nous Québécois) et de ce que nous appelons les « classiques », justement pour cette distance qu'ils nous donnent. C'est en effet cette distance – temporelle aussi bien que culturelle et géographique – qui nous permet de jeter un regard critique sur notre propre identité, sur notre propre « étrangeté », de prendre du recul par rapport à l'actualité (prise dans son sens large) comme semble le prétendre l'écrivain italien Italo Calvino lorsqu'il donne sa définition des classiques en quatorze points : « 13) Est classique ce qui tend à reléguer l'actualité au rang de rumeur de fond, sans pour autant prétendre éteindre cette rumeur. 14) Est classique ce qui persiste comme rumeur de fond, là même où l'actualité qui en est la plus éloignée règne en maître[26]. »

Cela dit, on se surprend, en lisant ces œuvres « étrangères » et jugées vieillottes, à constater leur

---

25. Jean LAROSE, *op. cit.*, p. 33.
26. Italo CALVINO, *Pourquoi lire les classiques*, Paris, Seuil (Points), 1984/93/95, p. 12.

proximité – ne serait-ce que dans leurs préoccupa-tions – voire leur modernité[27]. Je lisais dernièrement l'introduction d'un recueil de citations inspirantes dans *Paroles de sagesse éternelle* qui va tout à fait dans le même sens :

> Après le tamis des lectures et relectures, ce sont pres-que toujours les «grands classiques» qui demeurent, tels de solides rochers dans la tempête […] parce qu'ils n'ont pas parlé ou écrit pour une époque, une généra-tion, une civilisation, mais parlent pour l'Homme. Leurs textes tiennent bon face aux atteintes du temps […], parce qu'ils sont porteurs des valeurs fondamen-tales (espoir, bonté, compassion, sérénité…), porteurs de spiritualité et de sagesse[28].

Nous vivons à une époque où tout va très vite – je ne suis pas le seul à le répéter[29] –, mais, plus grave encore, où tout change constamment. L'économie

---

27. «Relisez Horace, relisez Lucain. Ou, chez les Grecs, relisez Plutarque – vous trouverez des textes d'une grande modernité, vous n'en reviendrez pas. Socrate est d'une modernité éternelle. La modernité n'a pas d'âge, c'est une tradition de rupture et de liberté qui remonte à l'Antiquité» (Jean LAROSE, *op. cit.*, p. 47). Mon collègue Marcel Goulet me posait très justement la question de savoir si on ne peut bien voir ce qui est proche qu'à distance.

28. Michel PIQUEMAL et Marc de SMEDT, *Paroles de sagesse éternelle*, Paris, Albin Michel, 1999, p. 7.

29. Faber invite Montag à se tenir «à l'écart de la centrifu-geuse» (Ray BRADBURY, *op. cit.*, p. 121).

capitaliste toute puissante s'appuie désormais non plus sur la tradition et la stabilité, mais, au contraire, sur une «société éminemment mobile, malléable, "ouverte" au changement continuel et prête sans cesse à rejeter ce qu'elle a en faveur de ce qu'on lui offre[30]», puisque c'est de cette façon qu'elle peut le plus facilement faire acheter et re-acheter. Bref, une société qui, à l'image de celle prophétisée par Ray Bradbury dans *Fahrenheit 451*, brûle tout par le feu, dont la «vraie beauté, proclame avec arrogance le capitaine Beatty, ce grand porte-parole du système, réside dans le fait qu'elle détruit la responsabilité et les conséquences[31]».

Allan Bloom, universitaire et polémiste américain, qui est mort il y a quelques années, a écrit un brûlot intitulé *L'Âme désarmée. Essai sur le déclin de la culture générale* pour essayer de réveiller ses conci-toyens sur cet état de fait et proposer en quelque sorte de réarmer l'âme américaine par la réintro-duction de l'étude des lettres à tous les niveaux d'enseignement et dans toutes les spécialités. Son propos peut paraître parfois trop radical ou réaction-

---

30. François RICARD, *La Génération lyrique*, Montréal, Boréal, 1992, p. 240.

31. Ray BRADBURY, *op. cit.*, p. 153.

naire, mais il a le mérite de faire réfléchir. Bloom, à l'instar de Larose, propose de redonner à la jeunesse, qu'il juge désœuvrée, voire égarée (ne serait-ce qu'à cause de la perte des repères, de l'absence de causes et de buts communs), des modèles, des sources d'inspiration, des raisons de croire et de se battre, mais aussi une distance critique, tout ça à travers l'étude de ce qu'il appelle les «grandes œuvres»: «Il est certes ridicule de croire que ce que l'on apprend dans les livres représente l'alpha et l'oméga de l'Éducation, mais la lecture est toujours nécessaire, en particulier à une époque où les exemples vivants de valeur sont rares[32].» Lui aussi insiste sur la littérature comme dispensatrice de distance, ce que les médias audiovisuels ne semblent pas capables de faire d'aussi efficace façon (entre autres à cause d'impératifs commerciaux de plus en plus oppressants):

La distance nécessaire à l'égard de l'époque contemporaine et à ce qu'elle comporte de profonde gravité, cette distance dont les étudiants ont le plus grand besoin pour ne pas s'abandonner à leurs désirs mesquins et découvrir ce qu'il y a de plus sérieux en eux, ne peut être donnée par le cinéma, qui ne connaît que le présent immédiat. Ainsi, faute de bons livres, ils

32. Allan Bloom, *L'Âme désarmée*, Paris, Julliard, 1987, p. 19.

affaiblissent leur vision et, en même temps, renforcent la plus fatale de nos tendances : la conviction que l'« ici et maintenant » est la seule chose qui existe[33].

Et de constater encore une fois la même chose qu'observe après lui mon ancien professeur, jugeant les jeunes plus étroits d'esprit, plus conventionnels dans leur façon d'être et de penser qu'ils ne le croient, parce qu'« il leur manque ce qui est le plus nécessaire, une raison réelle de ne pas se satisfaire du présent et de prendre conscience qu'il existe des solutions de rechange. Ils sont tout à la fois plus prêts à se contenter de ce qui est et privés de tout espoir de jamais y échapper[34] ».

Mais Bloom va plus loin encore. Il conçoit le mot « éduquer » dans son sens originel de « conduire, mener au dehors » et nous invite à « sortir de ce que nous sommes[35] » à un moment de notre civilisation où le courant de pensée dominant – individualiste, hédoniste et narcissique – pousse à « être soi-même ». Être soi-même, mais sans préciser par quels moyens, à travers quel processus y parvenir, sinon à travers l'identité de pacotille que représente le port de telle marque de jeans ou la consommation de

---

33. Allan BLOOM, *op. cit.*, p. 69.
34. *Ibid.*, p. 65.
35. *Ibid.*, p. 72.

telle boisson gazeuse[36]. La devise *Connais-toi toi-même* inscrite sur le fronton du temple de Delphes proposait au moins à un Socrate une démarche qui passait par la connaissance (ou le «Deviens ce que tu es» cher au philosophe Friedrich Nietzsche!).

Sortir de soi-même pour aller vers soi à travers le cheminement d'un autre, tel est le programme que propose la lecture et l'étude d'œuvres littéraires. Autrement dit, pour paraphraser encore une fois Marcel Proust, confronter son texte personnel à celui des autres hommes qui ont vécu avant nous, «frotter et limer notre cervelle contre celle d'autrui», comme le dit autrement Montaigne (un grand «classique» de la Renaissance), et cela afin de devenir «meilleur et plus sage[37]».

Depuis que je vous fréquente et vous enseigne, je constate chez nombre d'entre vous ce que le philosophe Thomas de Koninck appelle la «double ignorance», phénomène qui existait déjà du temps de

---

36. L'une d'entre elles, *Sprite* pour ne pas la nommer, propose même sur ses distributrices, accompagnée de l'image d'un sautillant joueur de basket-ball des Pistols, un laconique conseil: «N'écoute que toi», recommandation qui se passe de commentaires.

37. «Le gain de notre étude, c'est en être devenu meilleur et plus sage» (Michel de MONTAIGNE, «De l'institution des enfants», *Essai I,* chapitre 26).

Socrate mais qui semble toucher aujourd'hui tout particulièrement l'élite dirigeante, qui est la plus grave des ignorances : celle qui consiste à ne pas savoir qu'on ne sait pas. S'il n'est guère facile d'apprendre quoi que ce soit à cette catégorie d'étudiants chez qui la flamme semble à jamais éteinte (certains de mes collègues, peut-être plus sages que moi, y ont tout simplement renoncé !), en revanche, il est toujours réjouissant de reconnaître dans une classe ceux chez qui le feu brûle avec intensité. En eux, on peut sentir une immense soif, un immense appétit intellectuel, esthétique, spirituel... Des besoins essentiels que la société de consommation n'arrive certainement pas à combler (elle qui privilégie le culte du corps en négligeant totalement celui de l'esprit), pas plus semble-t-il que l'école telle qu'elle est devenue.

Aline Giroux, dans un article au titre intrigant, *Socrate-Éros, éducateur*, propose de «réenchanter le monde de l'éducation[38]». Pour les besoins de sa noble cause, elle rappelle que Socrate (qui, comme vous le savez peut-être, a été condamné à mort parce

---

[38]. Aline Giroux, «Socrate-Éros, éducateur», dans Clermont Gauthier et Denis Jeffrey, *Enseigner et séduire*, Québec, Les Presses de l'Université Laval, 1999, p. 165.

qu'il «corrompait» la jeunesse par des manières et des propos jugés subversifs) cherchait d'abord à séduire les jeunes, «c'est-à-dire au sens premier du terme, les *tirer à côté*, les *séparer* de leur culture, les *entraîner ailleurs*[39]». Pour ce faire, il s'est toujours considéré comme un entremetteur, comme un pédagogue, au sens littéral du mot, dans la mesure où le *paidagogos* chez les Grecs était «l'esclave chargé de conduire l'enfant vers le maître[40]», le maître ici n'étant pas Socrate, ou un professeur comme celui qui vous écrit, mais vous-même ou, en tout cas, le *daimon* en vous, c'est-à-dire cette «petite voix» qui est la vôtre, ou la conscience, ou le Soi jungien, bref «le pouvoir en soi grâce auquel on peut devenir autre et meilleur[41]». Avec cette façon de voir les choses, l'étudiant devrait pouvoir se dire : «Parmi les savoirs que possède le professeur se trouve la réponse à mes questions au sujet de moi-même. Celui qui sait si bien analyser les personnages de la littérature ou les revirements des sociétés pourrait me révéler à moi-même[42].» (Est-il besoin de préciser

---

39. Aline Giroux, *op. cit.*, p. 150.
40. *Ibid.*, p. 150.
41. *Ibid.*, p. 162.
42. *Ibid.*, pp. 166-167.

qu'il ne s'agit pas d'une réponse toute faite qu'il suffirait de prendre chez l'autre ?)

Une de mes grandes sources d'inspiration personnelle est l'œuvre de Hermann Hesse (qui fait, comme dirait Allan Bloom, de la «philosophie en action»), et notamment *Demian*, roman dans lequel il fait dire à un héros qui a découvert son *daimon* :

> La vie de chaque homme est un chemin vers soi-même, l'essai d'un chemin, l'esquisse d'un sentier. Personne n'est jamais parvenu à être entièrement lui-même ; chacun, cependant, tend à le devenir, l'un dans l'obscurité, l'autre dans plus de lumière, chacun comme il le peut[43].

Le chemin lumineux (un raccourci ?) que je vous propose est la littérature, inépuisable réservoir de beauté et d'imagination, bassin nourricier du langage, condensé de civilisations, océan tumultueux au fond duquel sont enfoncés des trésors de vérité à découvrir.

Montag ne s'y est pas trompé en allant trouver Faber pour requérir son secours et lui demander, désespéré, si les livres peuvent lui venir en aide d'une quelconque façon. En parfait pédagogue, le vieux prof lui donnera cet ultime conseil qui vaut

---

43. Hermann HESSE, *Demian*, Paris, Le Livre de poche, 1995, p. 134.

pour tout être humain : « Contribuez à votre propre sauvetage, et si vous vous noyez, au moins mourez en sachant que vous vous dirigiez vers le rivage[44]. » Montag n'y manquera pas et ira rejoindre (sur l'autre rive du fleuve) ces étranges clans d'« hommes-livres » qui mémorisent des œuvres entières dans l'espoir de les sauver de la destruction et de les rendre utiles à nouveau. Ayant enfin trouvé un sens à son existence, l'ancien pompier prononce alors un discours pour lui-même que je vous invite à faire vôtre :

> Désormais je veux tout voir. Et même si rien ne sera moi au moment où je l'intérioriserai, au bout d'un certain temps tout s'amalgamera en moi et sera moi. [...] Ce monde que j'ai sous les yeux, la seule façon de le toucher vraiment est de le mettre là où il finira par être moi, dans mon sang, dans mes veines qui le brasseront mille, dix mille fois par jour. Je m'en saisirai de telle façon qu'il ne pourra jamais m'échapper. Un jour j'aurai une bonne prise sur lui. J'ai déjà un doigt dessus ; c'est un commencement[45].

Voilà donc à quoi pourrait servir, d'après moi, la lecture, les livres, la littérature, les cours de littérature : avoir davantage de prise sur votre vie, faire

44. R. BRADBURY, *op. cit.*, p. 119.
45. *Ibid.*, p. 209.

évoluer votre façon de vivre, de voir, de penser, de lutter contre la dictature et le terrorisme du vide et de l'ignorance (j'ai la naïveté de croire qu'une lecture attentive du *Hamlet* de Shakespeare pourrait influencer d'une manière plus pacifique tous les vengeurs de ce monde!), de réfléchir par exemple à ce qui pourrait être concrètement fait de bien et de bon à la lumière des événements du 11 septembre, ou de tout autre événement de notre «actualité» (privée ou publique).

Mais cela exige un acte de volonté, un effort, une discipline, voire, pour tous les pompiers brûleurs de livres que nous sommes, un combat contre soi-même et contre notre conformisme ou notre paresse. C'est un peu pourquoi je voulais dénoncer avec Christian Rioux cette opinion quelque peu désinvolte et romantique qui cherche à faire passer la lecture pour un divertissement simple et facile. «À force de dire aux adolescents que la lecture est un plaisir, ils finiront par ne plus nous croire et nous envoyer promener», renchérit le journaliste du *Devoir*. «La lecture n'est pas plus un "plaisir" que l'information de qualité, les toiles de Soulages ou les complaintes de Leonard Cohen. C'est un effort qui ne vient pas naturellement mais qui peut heureusement, à terme, provoquer de grandes satisfactions.»

C'est avant tout pour ces « grandes satisfactions » – que moi j'aurais moins de mal que Rioux à qualifier de plaisir ou même de joie – que je vous invite à lâcher les berges de vos assurances et de votre confort, et à nager dans le fleuve de vos doutes et de vos interrogations, pour vous diriger vers l'autre rive, comme Montag avant vous… et pour vous.

Amicalement, votre humble serviteur sur le chemin de vous-même,

Frédéric Julien

Douze réponses d'étudiants

I

Cher Monsieur Julien,

Je dois avouer en premier lieu, quitte à sembler trop prêt à faire plaisir à mon professeur, que votre lettre m'a paru très pertinente. En effet, il semble que dans notre société si américanisée, la «liberté» (du moins ce qui paraît en être à première vue) a tranquillement pris le dessus sur les autres valeurs : il semble que le consensus parmi les médias soit de produire la plus grande quantité possible d'informations et de laisser à l'individu le «choix» de se débrouiller quant à son sens et à ses implications.

Et c'est là justement qu'est le problème, comme cela est énoncé dans votre lettre : plus les choses vont et moins les gens savent vraiment *s'imprégner* de ce qu'on leur donne comme information, puisque celle-ci est acheminée à un rythme de plus en plus effréné. Pour reprendre encore une fois ce qui est dit dans votre lettre, une des beautés de la littérature est que précisément elle semble ralentir les choses, nous permettre de les mettre en perspective. Même s'il est vrai que nous sommes bombardés d'informations (d'images !) en quantités toujours plus grandes, les outils nécessaires à leur analyse nous manquent, et c'est cette capacité de comprendre et de rendre pertinentes ces informations que la littérature peut nous procurer. La lecture, à la limite, s'apparente à l'observation des nuages : c'est en passant son temps à chercher qu'on arrive à voir de nouvelles choses, à dégager de nouvelles significations.

J'ai aussi été agréablement surpris de voir que vous portiez un regard intéressant sur la vague de « subjectivisme » dont certains paraissent s'enticher. C'est justement de cet aspect déplorable de la société moderne dont traite (entre autres) Charles Taylor dans son œuvre *Grandeur et misère de la modernité* (un bijou qui à lui seul m'a redonné confiance en mon professeur de philosophie) : les nouvelles générations s'axent de plus en plus vers une attitude de laisser-faire intellectuel à un point tel que leur capacité de raisonner, et donc leur esprit critique, se développe à une lenteur alarmante, quand elle ne stagne pas complètement.

En effet, je suis horrifié de constater que certains de mes comparses soient portés à tout simplement rejeter les opinions auxquelles ils font face, « parce que c'est le droit des autres de penser différemment », sans pour autant essayer d'en comprendre les motifs.

Jusqu'à un certain point, cette attitude paraît s'étendre jusque dans les classes, où les étudiants deviennent tellement préoccupés par la recherche de la « bonne réponse » qu'ils ne se risquent jamais à répondre aux professeurs ce qu'ils pensent, de peur d'être perçus par leur environnement comme étant des imbéciles : plus souvent qu'autre chose, le maintien de l'image prend le dessus sur la recherche du sens et de la connaissance.

Étant conscient de l'impact que peut avoir la littérature sur nos vies, je souhaite de tout cœur que mes compagnons de classe sachent retrouver le goût de lire et d'explorer de nouveaux horizons par l'entremise de ce cours, tout comme je l'ai fait moi-même quelques années auparavant, par le biais d'amis et de connaissances. C'est une alternative qui, selon moi, est beaucoup plus souhaitable que de stagner intellectuellement devant un poste de télévision, en attendant de recevoir sa dose d'informations futiles et vite oubliées, tout ça par l'entremise de rayons cathodiques.

Au plaisir de vous suivre dans ce voyage fantastique.

Pascal Émond

II

Cher Professeur,

Ne sachant trop comment entamer cette réponse à votre lettre, je vous demanderai de pardonner la légèreté que j'accorderai à la structure, préférant me laisser dériver par le courant des idées.

Je dois tout d'abord vous faire part de ma réjouissance due au fait d'être tombé sur un prof qui a à cœur de sensibiliser ses élèves aux trop nombreuses lacunes de notre société. À un moment de votre lettre, vous parlez d'Allan Bloom dont vous dites que le propos peut sembler «trop radical ou réactionnaire, mais qu'il a le mérite de faire réfléchir»; eh bien, je vous encourage très fort, du haut de ma modeste situation d'élève, à faire de même et à nous secouer, à nous retourner jusqu'à ce que nous vomissions notre inculte indifférence d'amorphes empotés sur cette pute de facilité qui nous baise à nos frais. S'il faut crier fort pour réveiller une larve sur un banc d'école, il faut hurler pour la faire sortir de sa logique d'apprentissage minimal.

Vous parlez également de l'absence de distance critique, grave problème des médias audio-visuels, principalement la télévision. Et, malheureusement, il est vrai que c'est sur la propriété de ce monarque absolu des médias, dans des sables mouvants, que nous avons bâti notre culture actuelle. Nous nous enfonçons aujourd'hui sous les yeux satisfaits de mère Consommation, nous nous dissolvons dans son autocratie. Dans l'adoration vouée par la masse à celle que cette dernière a choisie pour être son prophète. Cependant, je fais ici une nuance par rapport à votre lettre qui privilégie la lecture à tout prix. Vous descendez la télé comme étant, entre autres choses, un outil d'abrutissement, puisqu'elle ne nous laisse pas penser (elle «pense» pour nous!). Jusque-là, je vous accorde une totale convergence d'opinion. Mais vous la calez également en tant que média, sans toutefois mentionner les médias écrits, ce qui aurait sali la belle pureté «du livre de papier, d'encre et de mots, qui se pose d'emblée comme médiation». Je reconnais que votre texte nous peint un très beau contraste qui nous donne envie de lire. Mais ce blanc n'est pas immaculé: la littérature restera toujours souillée par quelque Stephen King, quelque *Journal de Montréal* ou *Arlequin*. Vous ne pouvez colorier comme dans les chiures hollywoodiennes, les bons en blanc et les méchants en noir. Le gris est inévitable. D'autant plus que les médias audio-visuels peuvent tout de même être de puissants outils de connaissance, lorsqu'ils ne sont pas employés comme moyen de contrôle de masse.

Contrôle de masse : c'est bien le mot-clé, là où se fait l'autolyse de la culture, lorsque tous considèrent les médias de masse comme une source fiable d'informations. Car la source est stagnante, et à y boire on devient malade. Et tous, malades, prennent pour acquis que ce qui est écrit dans la presse est vrai. Tous écoutent et s'approprient les propos de Jean-Luc Mongrain à TQS, quel que soit le sujet traité, peu importe si le berger exorbité ne fait qu'étaler son opinion. On est rendu foutrement bas ! Les médias n'ont même plus à projeter cette illusion d'objectivité pour être crédibles à la masse. Il nous faudrait, pour nous parer de cette addiction chamaniste, penser par nous-mêmes. Mais voilà, ce serait moins facile. La télé, tutrice et attelle de la pensée, fait écran au sens critique et honte à la raison. Nous sommes intellectuellement devenus d'abjects mollusques, et professionnellement de valeureux croisés à la quête du capital, apôtres fanatiques de l'Église du commerce. Bientôt, il se vendra des « forfaits-pèlerinages » à la bourse de New York. On souhaitera se réincarner en taux d'intérêts, et on mangera notre *big mac* cinq fois par jour, orientés vers la Maison blanche, à genoux sur notre manteau Tommy. Oui, un jour les poules auront des dents. Vous pensez que j'exagère, mais, déjà les « signes de piasse » en or ont remplacé les crucifix au cou des fils de mère Consommation, notre déesse. Et tous, la larme à l'œil et la chaleur au cœur, la remercions de nous avoir donné la liberté.

Sur quoi, je vous dis que, certes, vive la vraie littérature ainsi que ses homologues de culture et de connaissance. Ces vertus devenues de nos jours presque utopiques se doivent d'être plus qu'un simple condiment à la vie moderne : elles sont l'hématose qui éloigne de l'agglutination qui nous transforme en masse opaque de croûteux superficiels.

Mais le vent passe et la poussière retombe ; aussi j'espère avoir donné une « réponse » satisfaisante (bien qu'incomplète) à votre lettre, comme je souhaite avoir un jour l'occasion de discourir du sujet plus en profondeur avec vous. Et j'aspire, surtout, à naviguer sur l'océan d'idées que vous agitez, quitte à sombrer dans la tempête s'il le faut pour le sonder jusqu'en ses plus obscures abysses.

Amicalement, votre enthousiaste et sincère élève,

Nicolas Grenier

P. S. Pour ce qui est du discours de Montag qui conclut votre lettre, je ne serais pas sincère en me l'appropriant. Étant plutôt artiste qu'érudit, je préfère tout créer à «tout voir». Mais je ne veux pas non plus, comme dirait l'autre, être condamné à réinventer le bouton à quatre trous. J'essaie donc de trouver l'équilibre qui me satisfait.

III

Cher Frédéric,

Suite à la lecture de la longue mais tout de même fort intéressante lettre que tu nous as écrite et, conformément à ta requête d'y répondre, je t'écris à mon tour pour te faire part de ce que j'en retiens, des réflexions qu'elle m'a apportées. Non je n'ai pas eu la chance de lire, ni même d'entendre parler, auparavant de *Fahrenheit 451*, mais voilà une chose qui viendra bien assez vite, je n'en doute pas. Cette œuvre semble très riche en réflexions personnelles et c'est un aspect qui me donne hâte de découvrir et d'explorer ce livre.

Ta lettre elle-même invite au questionnement et nous permet de voir très visiblement à quel point tu désires nous faire partager ton amour de la littérature. Voilà un défi audacieux que de tenter de changer des jeunes adultes de plus en plus ancrés dans une société qui va en sens opposé des propos que tu nous invites à écouter! Personnellement, je serais porté à croire que n'importe quel individu, sensé et conscient du monde dans lequel il évolue, doit pouvoir s'arrêter au moins un instant pour se questionner sur la valeur réelle que représente un livre par rapport à la télévision, la radio ou Internet. Pour la grande majorité d'entre nous, j'ose espérer que c'est le cas. Moi-même, qui en ce moment me dis plein de bonnes intentions et d'intérêt quant au fait de réellement me ressourcer dans la littérature, serai-je capable de donner suite ainsi aux efforts à temps partiel que je mettrai dans ton cours ? J'en doute, étant donné que la société nous contraint à aller beaucoup trop vite. Lire demande un grand investissement personnel parce que les gens n'ont plus l'habitude, ni l'amour, de lire, mais surtout parce qu'ils n'ont plus le temps et qu'ils ne veulent pas prendre ce temps. Pourquoi vouloir aller à la bibliothèque se chercher un bon classique ? C'est long lire un livre. À la place, on pourrait s'asseoir devant la télé pour écouter n'importe quelle connerie au contenu de plus en plus américanisé, continuer de s'abrutir aveuglément et ainsi suivre la masse pour éviter de se sentir à part des autres.

J'ai bien aimé la citation de Hermann Hesse, dont tu dis t'inspirer, qui dit en fait que chaque individu, au cours de sa vie, suit sa propre route au cours de laquelle il en apprendra toujours un peu plus sur lui-même, sans toutefois arriver à une réponse défi-nitive. Voilà une tendance vers l'infini qui me rassure, moi qui me questionne de plus en plus souvent sur mon comportement dans mille et une situations. Pouvoir m'imaginer que jamais je ne mettrai le doigt sur ce que je serai, ou ce que je dois être, me laisse la chance de me rattraper à tout coup. Ce que je comprends de tout ça est que je peux avoir une idée de ce que je désire être comme personne, voilà vers quoi je me dirigerai le long de ma route infinie. Peu importe si j'ai l'impression de quelquefois m'être trompé de voie, la route que je suis ne peut être constamment une ligne droite.

Ce qui me plaît de plus en plus est d'appuyer mon expérience personnelle sur celle des autres. Comme tu l'as toi-même fait remarquer dans ta lettre, «sortir de soi-même pour aller vers soi à travers le cheminement d'un autre», voilà ce que je commence à faire et que j'aimerais faire bien davantage. Les lectures personnelles que j'entreprends actuellement sont peut-être simples à côté de tant de classiques dont j'ignore encore l'existence, mais, pour l'instant, je suis comblé. Les romans que je lis actuellement sont tous tirés de la collection «Royaumes oubliés» prenant place dans l'univers médiéval fantastique du jeu de rôles *Donjons & Dragons*. Cet univers est tellement élaboré et infiniment détaillé qu'il est donc absolument captivant et très riche en expériences de vie desquelles s'abreuver. Suite à des recommandations, ainsi que de ma propre initiative, j'ai depuis longtemps envie de dévorer l'éternel classique qu'est *Le Seigneur des anneaux*, ce que je compte bien entreprendre quand j'en trouverai le temps. À travers ce genre littéraire, ce que j'adore par-dessus tout (et qui va justement dans le sens de ce que tu avances dans ta lettre), c'est qu'un monde fantastique semble si loin de la réalité, de par l'époque et l'aventure, qu'il apporte au lecteur attentif une certaine distance par rapport à la réalité. Inévitablement, l'imagination plonge l'esprit au cœur du récit. Cependant, prendre du recul et réfléchir peut apporter beaucoup. En imaginant ce que serait ma vie dans un tel monde, j'apprends des choses sur moi-même. C'est tout d'abord inconscient ; mais, avec du recul, je me rends bien compte que chaque bouchée que je prends dans un livre me fait avancer d'un pas de plus dans ma quête personnelle du « qui suis-je ? ».

J'ignore si ma réponse à ta lettre correspond à tes attentes. Je me suis laissé aller à mon inspiration du moment sans trop structurer mes pensées, chose que j'ai toujours eu du mal à faire. Il se peut qu'avec l'expérience de la lecture j'apprenne précisément à maîtriser de mieux en mieux ce genre de choses.

Enfin, ce que je peux me dire en terminant, c'est que toute ma vie est devant moi et que, derrière celle-ci, tant d'autres, datant d'époques lointaines ou plus actuelles, autant fictives que réelles, reposent dans les livres pour m'éclairer. Je peux donc dormir tranquille, du moins si je persévère à garder au chevet de mon lit un bon roman.

Éric Parayre

IV

Cher Frédéric, cher mentor,

Ma quête est commencée. Drôle de croire que six mois auparavant je n'étais pas conscient de la gravité de la situation à laquelle font face la génération mourante, la mienne, et celles à venir, et qu'aujourd'hui, je donnerais tout ce que je possède (sauf mes livres) et j'abandonnerais mes études trop nord-américaines (parce qu'elles me guident vers un métro-boulot-dodo) pour suivre l'unique sentier qui m'est destiné, mon *daimon*. Moins drôle est l'évidence que pose la problématique, celle de réaliser à quel point sont rares des éveils, des prises de conscience (comme j'en ai fait l'expérience) chez mes pairs, mes frères qui vivent (et survivent) les (aux) mêmes étapes que moi, qui ressentent les mêmes souffrances, qui plongent dans le même désarroi et qui ne trouvent comme bouée que les fruits de la publicité ou tout ce qui se caractérise comme étant du *plug-and-play*, du prêt-à-porter.

Mon éveil – car c'en est vraiment un – est caractérisé tout d'abord par une haine profonde du conformisme instauré par les pays industrialisés, dont la doctrine est fondée sur l'économie capitaliste qui n'a d'égard que pour les liasses. Quel fiasco! La société est établie de sorte que la liberté n'est plus un droit fondamental. Non! elle nous est désormais vendue à un prix qui s'appelle conformisme. Mais être conforme, être «réglo» comme le disent les rappeurs français, est-ce si mal? Ce ne le serait pas si ce moule factice n'était pas régi par un constant appel à la consommation, cet appel qui tend presque à rejoindre la prescription, et où notre réponse, notre réaction, devrait être celle d'un automate avide de besoins artificiels. Et si la fin de ce long processus qui s'échelonne tout au long d'une vie était autre que ce vice, l'avarice, j'aurais un jour espoir de bêler (comme un mouton). Un amalgame de compétition trop féroce, de surproduction, d'exploitation des populations des pays pauvres et une multitudes d'autres facteurs (que l'humanité omettrait honteusement d'inscrire à son curriculum vitae) est à l'origine de ce phénomène de succion massive des richesses au bas du triangle hiérarchique pour les faire converger vers une fraction de la population obèse de sa fortune (car celle-ci ne profite qu'à elle seule). MC Solaar, un rappeur français conscientisé, chante: «Où sont passés les baobabs et les hordes de gosses dans cette Terre de négoce où ne vivent que les Big Boss. Rentabilité, instabilité, imbécillité n'ont fait qu'augmenter les taux de mortalité. » La misère qu'engendre la répartition inégale des richesses fait ressurgir, comme tu le soulignes, les vices humains tels que la consommation de drogues et d'alcool, le jeu et la violence qui nous servent d'échappatoire à ce monde où la cadence effrénée peut faire tourner la tête des nouveaux venus, ces jeunes adultes qui débarquent dans un monde où la perte des valeurs traditionnelles n'a jamais été aussi imminente, où l'athéisme grandit.

Cependant, du secours nous est apporté par la transmission des savoirs, des idées, des rêves qui furent immortalisés en écrits par des hommes qui ont entrepris une démarche, qui ont participé à l'ébauche d'un ouvrage, des hommes qui aspiraient tous à la réalisation d'une œuvre, celle de faire de l'homme un être penseur, curieux, qui ne se contente nullement de ce qu'il sait mais qui est fasciné par ce qu'il ne sait pas. Le savoir et l'expérience acquis au cours des nombreuses générations antérieures sont transmis par filiation pour que les descendants n'aient pas «à refaire pour eux-mêmes toutes les découvertes de la vie intellectuelle en se croyant les premiers à avoir eu chacune de leurs idées». Cette bouée qu'est la littérature n'a pas le même pouvoir de flottaison que le divertissement, et il faut donc constamment fournir un effort pour ne pas s'abîmer au fond de cette mer incertaine qu'est la société. La lecture consiste à utiliser ces livres où les pages sont faites de bois et où l'encre fait office de ficelle pour se construire un radeau qui nous permet de voguer allégrement sur les flots (trop) calmes d'une société de naufragés. La passion pour la littérature m'est apparue plus naturellement que la capacité à y mettre un effort de concentration ; la satisfaction, la sensation de bien-être que la lecture d'un roman procure prend tout son sens lorsqu'on y a vraiment goûté, lorsqu'on touche la vie du doigt et surtout lorsqu'on a réalisé que ce joyau de l'humanité est mis à l'index aux dépens de plaisirs superficiels. La littérature, qui exige un travail, donc une dépense d'énergie, est une opposition directe à la paresse et à la facilité que nous induit le divertissement à outrance. Cet exercice est encore plus enrichissant lorsqu'on discute, avec un autre « initié », des impressions, des sentiments, des idées qu'a fait surgir en nous l'univers détaillé que l'auteur a façonné dans son propre esprit, le faisant sien avant de l'exprimer. Il n'en demeure pas moins que la littérature (contrairement au dialogue où nous accordons plus d'importance à notre apparence et notre prestige qu'au contenu même de la conversation) nous soumet «corps et âme à la volonté d'autrui pour goûter toutes les nuances de sa pensée», mais cette absence d'interactivité (au sens moderne) a ceci de particulier qu'elle nous permet de «donner à la douleur (ou à la joie) du monde le temps d'entrer dans notre esprit pour y délivrer son sens».

Je prie donc les miens de ne pas faire partie des victimes du système et d'adopter une attitude positive face à la littérature, car elle est d'une aide précieuse contre l'abrutissement dont souffrent les disciples de la télévision. Je mènerai cette quête dans le but d'avoir «la liberté d'agir en conséquence de ce que j'ai acquis».

Sincèrement, merci

Guillaume Richer-Lalonde

V

Santiago de Cuba, le 1er février 2001

Cher Frédéric Julien,

Comment vas-tu? Notre société de consommation te décourage-t-elle toujours? D'après ta dernière lettre, je crois que ta réponse est positive. Tu sembles rejeter le spectacle des médias et valoriser davantage la littérature. Tu aimes cet art de la lenteur. Mais comment peut-on fuir cette autoroute de la culture populaire? Je suis du même avis que toi. Lire est la solution la plus efficace. C'est dans les livres que nous acquérons la sagesse.

En effet, notre société de consommation a tendance à favoriser davantage la notion de quantité que la notion de qualité. Comme mentionné dans ta lettre, les médias nous abreuvent d'informations sans nous laisser l'occasion de réfléchir si elles sont pertinentes. Le pédantisme se propage dangereusement. Nous semblons tout et rien savoir à la fois. La télévision diffuse trop d'informations. Seules les conclusions d'événements nous sont rapportées. C'est cette décharge rapide d'informations qui rend notre savoir déficient. Par exemple, mes amis cubains, qui sont trop pauvres pour se procurer une télévision, sont tout à fait instruits. Les noms de Bruce Willis et de Sylvester Stallone leur sont inconnus. Par contre, ils en connaissent beaucoup plus que la majorité des Nord-Américains sur les «grands» personnages historiques tels que Pol Pot. Puisque l'acquisition de connaissances par un livre est beaucoup plus lente que par une télévision, les Cubains ont dû sélectionner ce qui était le plus important à savoir. Ils ont donc favorisé davantage la qualité des informations acquises que la quantité.

Aussi, je tiens à dire que je suis de la même opinion que toi lorsque tu affirmes que les livres nous donnent accès au monde. Toutes les connaissances des grands penseurs des siècles passés se transmettent par l'intermédiaire d'écrits. En lisant, nous nous approprions le fruit des efforts des savants qui nous ont précédés. Donc, lire c'est grandir. De plus, si nous sommes incapables de lire, nous resterons toujours dépendants des autres. Connaissant moi-même une analphabète, je suis témoin de sa dépendance. Elle ne peut point prendre la route, s'occuper de son courrier, rédiger des lettres... De plus, sa seule manière fiable d'acquérir des informations est la mémorisation auditive, qui n'est pas aussi efficace que l'apprentissage par la lecture. Bref, lire c'est comme voler de nos propres ailes dans un monde qui s'ouvre à nous.

Finalement, la littérature stimule notre imagination. Il ne faut surtout pas négliger cette faculté, car l'imagination nécessite un travail de l'esprit qui nous rapproche de la perfection. N'est-ce pas cela le but de l'homme? Parfois, notre réflexion personnelle peut même être plus poussée que celle des réalisateurs cinématographiques. Par conséquent, c'est pour cette raison que nous sommes déçus lorsque nous regardons un film basé sur un livre déjà lu. Je suis du même avis que toi. Se contenter de visualiser les images d'un autre ne nous mène pas à un épanouissement d'envergure. Il vaut mieux tracer son propre chemin que de suivre des routes inconnues. Donc, la littérature est plus valorisante que le cinéma, puisqu'elle nous force à créer nos propres images, autrement dit à travailler.

Pour conclure cette lettre, je tiens à affirmer que j'ai les mêmes aspirations que toi. La littérature favorise la qualité de notre instruction, nous donne accès au monde et nous épanouit. Bref, vous savez probablement que je ne suis pas à Cuba, mais peut-être que vous pouvez l'imaginez puisque c'est une œuvre littéraire. Donc, si vous voulez devenir un dieu parmi les hommes, adonnez-vous à la littérature. Il n'y a rien de plus grand qu'un mortel aux valeurs éternelles. Ce monde vous appartiendra de l'alpha à l'oméga.

Sincèrement,

Ponora Ang

VI

Cher Frédéric,

Suite à ta lettre, je me permets de faire une incursion dans tes pensées et de te donner mes commentaires concernant celles-ci. Il ne saurait être question de critique de ma part, mais bien plutôt de te faire partager mes vues et opinions suite aux sentiments que ta lettre m'inspire.

Je ne saurais en aucun cas commencer ma lettre sans t'avoir dit au préalable tout le plaisir que j'ai éprouvé à la lire et à la commenter à haute voix pour le plus grand plaisir de mes enfants qui aiment bien m'entendre critiquer mes lectures quelles qu'elles soient. Ton commentaire concernant le fait que nous sommes à l'ère de la «pop culture» et de l'image fait écho en moi pour la raison suivante : quand j'ai été acheter les vêtements de mes enfants pour la rentrée scolaire, je me suis rendu compte combien l'image était importante même pour des préadolescents. J'ai dû me battre avec eux pour leur faire comprendre que c'était bien beau un chandail «Tommy», mais que s'ils n'en avaient qu'un, ce ne serait pas très judicieux, et qu'il valait mieux qu'ils aient des vêtements confortables, même s'ils n'étaient pas «griffés», et que, de toute façon, l'apparence n'est rien en comparaison de tout ce qu'une cervelle peut contenir. Déjà, à neuf et onze ans, ils subissent l'influence de la mode et de leurs amis, et j'avoue que je trouve cela bien dommage. Comment ne pas l'être quand je vois ma fille arriver de l'école le soir en me disant qu'une telle amie ou une telle autre ne veut plus être son amie parce qu'elle n'a pas le style de vêtements qui convient à son groupe! Tu as bien saisi l'essentiel du problème quand tu dis: «l'image est plus utilisée que jamais [...] parce qu'elle est facile à comprendre par la masse». Eh oui! Tellement facile à comprendre qu'elle fait même se remettre en question des enfants qui, autrement, n'en auraient que faire de savoir si leurs vêtements correspondent ou non au groupe d'amis auxquels ils veulent appartenir!

Tu parles ensuite de la distance et de l'esprit critiques que nous devons entretenir «à une époque où tout va à une cadence infernale». Cette notion de distance revient, dans ton texte, tellement souvent que je me suis posé la question de savoir si l'esprit critique et la remise en question n'était pas préférable pour toi au «béni oui-oui» que nous apprenons tous à devenir dans notre société soi-disant démocratique. C'est vrai que nous considérons notre société comme l'une des plus démocratiques, mais qu'un seul ne soit pas d'accord avec l'avis ou l'opinion émis par la majorité, et c'est le branle-bas de combat pour lui faire admettre qu'il a tort et que c'est la masse qui détient la vérité universelle. À ce propos, je me souviens d'un épisode particulièrement pénible de ma vie. Il y a bien longtemps, quand j'étais au secondaire, j'avais osé dire à mon professeur d'anglais que le terme qu'il employait n'était pas celui qui convenait dans les circonstances. Quel débat cela a suscité dans le cours! Je me suis fait remettre à ma place bien vite par les étudiants, qui en fait ne savaient pas du tout si j'avais tort ou raison! Seulement, du fait qu'il s'agissait du professeur et donc de l'autorité suprême en la matière, je n'avais aucun droit de dire que j'étais en désaccord avec lui. Le pire est que le professeur m'avait donné entièrement raison; cela ne changea rien au fait que, pour le reste de l'année, je fus qualifiée d'empêcheuse de tourner en rond et d'enquiquineuse de première. Il ne fallait surtout pas sortir des rangs! Je vois bien qu'il en est encore ainsi maintenant! Nous devons tous être des moutons et suivre le troupeau à l'abattoir sans dire un mot, sous peine de nous faire regarder de travers. Seule une petite minorité s'arroge le droit de dire haut et fort son mécontentement. Ceux-ci sont dès lors qualifiés, bien injustement à mon avis, de Don Quichotte.

Finalement, tu parles d'un sujet qui me tient tout particulièrement à cœur : « Les livres peuvent-ils nous aider ? » À cette interrogation, je n'ai pas de réponse toute faite à apporter. Je me dois donc encore une fois de te parler de mon expérience personnelle et te dire combien la lecture fut et est encore salvatrice dans ma vie de tous les jours. Avec la lecture, je suspends le temps, j'oublie pour un instant mes peurs, mes doutes, je me plonge entièrement dans un monde qui n'est pas le mien. Avec la lecture, je me découvre un univers si riche de potentiel, si vaste de connaissances qu'elle me permet de jeter un regard critique sur ma vie, et, par le fait même, de bien souvent trouver des solutions qui ne m'apparaissaient pas évidentes. Grâce à la lecture, j'approfondis mes connaissances de l'être humain et, par conséquent, de moi-même. Comme le dit si bien le bon vieux Montag dans *Fahrenheit 451*, je contribue à mon propre sauvetage et, si je me noie, au moins j'aurai la consolation de mourir en sachant que je me dirigeais vers le rivage !

Par conséquent, il ne saurait être question pour moi de te donner tort dans ton argumentation, au contraire même : nous vivons dans une société tellement axée sur l'image, la consommation et le faire-valoir que beaucoup de valeurs se sont perdues, et je trouve cela vraiment déplorable pour la génération qui grandit et qui sera encore plus axée sur la *mass consommation* et l'image.

J'espère que ces quelques commentaires de ma part auront mis un peu en lumière ma façon de voir la vie et surtout ma grande soif d'apprentissage.

Chantal Rioux

VII

Le 1ᵉʳ février 2001

Monsieur Julien,

Il faut avouer que votre définition de la civilisation occidentale m'a un peu choqué! J'admets que notre société a amorcé un nouveau stade de développement, mais je ne crois pas que nous méprisions volontairement notre bagage culturel. Ne serait-il pas plus juste d'attribuer les causes de notre transformation sociétaire au culte du matérialisme américain, qui subjugue la plupart des pays occidentaux?

En effet, nous progressons dans un régime de surconsommation, de surexploitation et de surproduction. Pris dans l'engrenage, nous n'avons pas le temps de nous arrêter et de respirer. Tous les milieux sont très compétitifs, et cette motivation à produire et à accumuler des profits nous empêche d'être subjectifs. Trouver le temps de lire à travers ces tourments relève presque de l'irréel quelquefois. Les gens se tournent vers la télévision ou le cinéma, pour se distraire et s'informer. Le besoin de se divertir est tout à fait légitime, c'est la qualité de la distraction qui constitue le problème. En ce sens, quatre-vingt pour cent des chaînes télévisées nous parviennent des États-Unis. Ce qui est encore plus navrant est le fait que les jeunes subissent très tôt l'assaut américain.

Je ne crois pas votre éloge de la littérature vaine, mais il faudrait commencer à sensibiliser les gens plus tôt. Il faut dire qu'entre les «Pokémons» et les «Britney Spears», les enfants n'ont pas pu développer le goût de lire. Ils ne connaissent même pas les fables de La Fontaine, encore moins les contes de Perrault. Où sont passés «Petit Poucet» et «Barbe-bleue», récits qui nous ont tant fait frissonner, mais qui sont demeurés d'inestimables sources d'éducation morale?

Les programmes scolaires ne sont pas aussi rigides qu'avant. Tout le monde lit, c'est vrai, mais encore faudrait-il porter une attention toute particulière à la qualité de ces lectures. Monsieur Jean Larose a tout à fait raison : enfin, des adultes lisent *Les aventures de Harry Potter*! Les nouvelles générations n'ont pas été suffisamment informées sur le domaine littéraire, elles ne savent pas quoi lire.

Je déplore aussi les réformes universitaires. L'absence de cours de français et de philosophie, ainsi que la stricte spécialisation dans les champs d'étude abrutissent les étudiants. Les avocats n'auront lu que des manuels juridiques, les mathématiciens n'auront appris que des théorèmes d'algèbre et des formules d'intégrations.

Pour en revenir à nos voisins américains, il faut avouer qu'ils excellent dans l'art de vendre l'image (et le drapeau!). «Packaging sells», comme dirait la très éminente Ally McBeal! Dans la vente, par exemple, les librairies ont innové avec l'ère des pauses-café. «Chapters», «Indigo» et «Paragraph» affichent dans leurs vitrines: «Cafés Second Cup en vente ici». À côté de ces chaînes, Renaud-Bray est tout à fait dépourvu de style! Ainsi, les livres les plus vendus sont les livres «à la mode»: Harry Potter, les biographies de Hillary Clinton, les manuels de savoir-vivre d'Oprah Winfrey… C'est désolant, nous avons tous été piégés par la machine américaine et la consommation de masse…

Je ne justifie pas ce manque d'intérêt pour la littérature, ni ne la condamne, puisqu'il n'est pas volontaire. C'est le résultat du système dans lequel nous évoluons, et il faudrait régler le problème à la source. J'ai, de plus, la forte impression que la littérature s'est vue attribuer une image trop sévère, trop rigide: les gens la négligent par crainte de se faire juger trop vieillots, intellectuels, dépassés. Eh bien oui! Être intellectuel au temps présent revêt une connotation fortement péjorative! Pour découvrir les lettres, il faut sortir des sentiers battus, faire place au laisser-aller. Car, voyez-vous, les années durant lesquelles j'ai lu le plus furent au cours des années sabbatiques que j'ai prises. J'ai entrepris un retour sur moi-même qui a duré presque cinq ans. J'ai en quelque sorte arrêté le temps.

C'est alors que je suis allée explorer les auteurs et leurs œuvres. La littérature ne m'a jamais semblée plus intéressante : je passais des heures dans les librairies et je choisissais librement mes lectures. Peut-être aussi dans un sentiment de culpabilité envers l'institution scolaire, je me suis dévouée aux lettres, chose que je n'aurais sans doute pas faite si j'avais fréquenté l'école ou travaillé à temps plein. J'édifiais en fait ma culture personnelle et je ressentais un grand plaisir à le faire, justement parce que lire n'était plus une tâche imposée.

J'ai donc découvert que la littérature classique constituait une aide précieuse pour comprendre les complexités de l'âme humaine. *La Princesse de Clèves*, par exemple, est la preuve parfaite que l'homme ou la femme se heurte constamment aux mêmes conflits, quelle que soit l'époque. En effet, que ce soit en 1678 ou en 2001, la fidélité est une question qui préoccupe toujours les couples. Obéir à un besoin physique ou obéir à notre sagesse est un dilemme que nos parents, grands-parents ont eu à affronter. Madame de Lafayette avait donc un esprit bien clairvoyant!

À travers le travail et les voyages, j'ai compris que l'éducation ne se bornait pas à obtenir un diplôme, mais à comprendre et à connaître la société et les peuples qui forment l'humanité. Cinq ans d'errance et de lectures m'ont amenée à avoir des conversations et des réflexions particulièrement intéressantes sur la vie, avec des gens qui n'ont pas tous eu la chance de fréquenter le milieu scolaire. Pour terminer, j'aimerais remercier mes compagnons de voyage, de Léon Tolstoï à John Steinbeck, sans oublier Alexandre Pouchkine et André Malraux. Ils m'ont apporté un éclairage incomparable sur la vie, mais finalement je succombe à l'appât du gain : me voici de retour sur les bancs de l'école et en route pour la production capitaliste!!!

De votre élève toujours très attentive,

Pinou Thong

VIII

Longueuil, le 3 mai 2001

Très cher maître,

Je vous écris dans un état d'affolement afin de partager avec vous cette consternation qui m'a envahi lors d'un récent voyage. Non, je ne désire point vous parler du beau temps qui enveloppe les destinations ensoleillées et des plages bondées de touristes américains tout en graisse de restauration rapide. Ce voyage, je l'ai fait en un lieu beaucoup moins touristique. C'est sur la passante et miteuse montée Saint-Hubert, dans un commerce en désordre, poussiéreux voire négligé, que je fis une introspection pour le moins choquante. Imaginons ce lieu, cette « Librairie de la Montée » pour le nommer correctement : sombre de son faible approvisionnement en lumière, il ressemble à un donjon. À l'intérieur, dans le désordre de ces cellules de bois, brillent des milliers d'yeux prisonniers des années et l'homme qui y travaille, paralysé d'un bras, ressemble à un vieux geôlier, mal rasé, la voix incertaine, hésitant entre l'accent anglais et les mots français.

GUILLOTINE... quand tu tombes, tintamarre, dans un crissement de métal «Wyster Staysharp», je vois rouler la tête des grands. Zola, Hugo, Sartre... tous, ils y sont tous. Chez le brocanteur, ce bazar de la littérature, condamnés à l'oubli par des lecteurs non reconnaissants. Et moi, comme un brigand, j'emporte les classiques comme un butin, pour une somme dérisoire. Bazarder un meuble ou même une brosse à dents me semble moins ignoble. Quoi de plus personnels que les rêves que nous procure la lecture d'un livre? Qu'y a-t-il de plus personnel que le souvenir de s'être retrouvé un jour ou une nuit dans le cockpit de Saint-Exupéry, pour un voyage au-dessus de la *Terre des hommes*? Pour deux dollars, je connus cet immense privilège. Je vois d'ici le portrait: vous achetez un livre usagé, vous l'ouvrez et, sur la première des pages jaunies de souvenirs, vous lisez Martin Gratton, Français 3, automne 1993. Sacrilège, voici un étudiant qui vient de renier ses rêves! Ses souvenirs, son histoire. Un individu qui renie son histoire, c'est comme une société qui brûle ses livres. À quel prix? Mais, vous le dites mieux que moi, cher maître et ami, au prix de l'oubli et du divertissement. Devrions-nous tenir pour coupables les revendeurs de livres usagés? Mais non, ils ne font que donner une seconde chance aux livres et insuffler une seconde vie aux œuvres pour qu'elles s'installent dans un nouvel esprit. Je sais, vous m'objecterez qu'il est préférable que le même livre soit lu plusieurs fois, et ce, par différentes personnes. Le partage des biens fait aussi partie de mes valeurs écologiques, mais n'a-t-on jamais dit que l'on reconnaissait les valeurs d'une œuvre littéraire par la pertinence qu'offre sa seconde lecture? Un livre, comme un album pour ses photos, peut dévoiler ses mots dans le désordre pour rappeler les impressions qu'on a eues à sa première lecture. Savoir lire et relire est un art que tous ne prennent pas nécessairement le temps de perfectionner. Comme vous le dites, la lecture et l'apprentissage sont intimement liés.

Toutefois, la nouvelle façon de diffuser les informations (par les images) nuit à cet apprentissage. L'imagination fait de plus en plus défaut aux jeunes, enfants des médias imagés comme la télévision. La lecture d'un livre nous oblige à travailler un tant soit peu notre imagination, car les mots noirs sur blanc se transforment en personnages épiques et colorés dans des paysages extraordinaires. Un exemple de l'imagination que nous fait développer un livre est au niveau de l'intonation que nous prêtons à la voix d'un personnage. Les lecteurs de bandes dessinées, en leur tête, reproduisent toujours la même voix pour tel ou tel personnage. Il est parfois surprenant de voir que, lorsqu'ils sont portés à l'écran, ces personnages ont une voix complètement différente de celle qu'on leur donnait. Tout ce processus d'imagination et d'invention influence les enfants jusque dans leurs jeux, lesquels seront plus ou moins imaginatifs si l'enfant a eu dans le passé à s'inventer des images à partir des mots. Les livres (même si lire est une activité solitaire) sont aussi un moyen de rapprocher les hommes et de susciter les discussions, tandis que la télé offre des réponses toutes faites aux auditeurs. Elle les isole aussi, ce qui fait dire à Francis Cabrel dans sa chanson *Répondez-moi* que «notre forêt d'antennes nous branche sur notre solitude». Les films sont parfois de bons moyens de transmettre les informations, mais, trop souvent, l'industrie cinématographique gonfle ses profits à l'aide de films prévisibles, qui alimentent et monopolisent de jolis minois, des revues qui pullulent dans les kiosques à journaux et des affiches que placardent les jeunes sur les murs de leur chambre. Malgré mes généralisations abusives, veuillez accepter, sur ce, les marques de mon respect le plus distingué.

Furieusement vôtre,

Ismaïl Trad

IX

À qui de droit, droit devant toi,

Quand tu parles, Frédéric de la surabondance d'images avec laquelle on nous mitraille (et des mille mots qu'elles valent et qu'on oublie), quand tu cites Ricard parlant de cette «société éminemment mobile, malléable, [ouverte] au changement continuel et prête sans cesse à rejeter ce qu'elle a en faveur de ce qu'on lui offre», ou quand tu parles d'Ignacio Ramonet qui fait remarquer que l'information contenue dans la seule édition dominicale du *New York Times* équivaut en quantité à tout ce qu'aurait appris un érudit du XVIe ou du XVIIe siècles, un message très faible me parvient de mes profondeurs et, à travers l'indignation que j'aurais pu entretenir deux secondes et quart, une petite voix me rappelle que je fais partie de tout ça.

Je fais de la photographie sans avoir la prétention (ou l'audace) de me dire photographe, de la même façon que j'écris sans pour autant pouvoir me dire auteure, mais, d'une façon ou d'une autre, je cherche à toucher la vie avec le bout de mes doigts et je me sens comme une enfant qui apprendrait à marcher et à mentir en même temps. Je suis confrontée à ma tentative de cerner ce qui m'entoure et à la démesure de cette entreprise. Des idées passent et repassent dans ma tête et un bombardement de noir y siège. L'image malgré moi est trop forte et je ne trouve pas les mots qu'il faut : une situation triste mais d'époque. C'est que je suis de cette société « qui privilégie le divertissement et l'oubli à n'importe quel prix ». Je suis de cette réalité qui tend à mépriser le passé et la culture. Je suis de cette génération sans passion condamnée à réinventer le bouton à quatre trous. Je suis de ce quotidien *reality shows* et des explications bon marché. Je vis dans un monde de contrastes, de contradictions, où seul « l'ici maintenant [transmis en direct] existe ». Celui où la jalousie et l'imbécillité font parler du monde. Ce qui est triste, c'est qu'il n'y a plus que les océans et les chaînes de montagnes pour séparer les masses : à l'ère de la technologie et de la communication haute vitesse, les hommes ne se sont jamais autant rien dit. Le silence de la conspiration devient normal et nous tue tous à petit feu. Il faut se taire haut et fort devant la barbarie de l'homme moderne et baisser le regard devant ce que notre reste de conscience crie. On ne peut plus changer le monde : on veut être remboursé...

Et moi, peut-être comme toi et comme Foglia, je suis déçue. Le chroniqueur parle de ces ados ordinaires qui deviendront du monde ordinaire : un plombier, une coiffeuse, ou même un enseignant n'ayant jamais appris à apprendre et à qui le monde échappera. Tu parles de lecture et de mise à distance, du recul critique, comme d'outils, voire d'armes, essentiels, à une époque où tout va à une cadence infernale, une vie comme un tape-cul, sans répit, sans filet, sans aucun filtre ou support traditionnel, et tu as raison, tellement raison. Mais voilà – et je ne t'apprends rien – le train passe, et très peu de gens ont les moyens de suivre : l'analphabétisme et l'ignorance forment une nouvelle race de mésadaptés face à l'humanité.

Le génocide intellectuel est, selon moi, le plus grand carnage jamais connu, et l'erreur de trop de civilisations est de ne pas en tenir compte. Il commence dès l'enfance et se prolonge jusqu'au dernier instant. Des Pokémons et autre Télétubbies qui privent l'enfant de son imagination et de sa créativité, jusqu'à cette femme de 50 ans qui s'acharne à égaler l'image retouchée d'un mannequin de 14 ans, en passant par la « Trusse Testamanntair Canadian » et autres funérailles marketing, la marge de manœuvre est mince et la situation plus qu'inquiétante.

Dans tous les cas, l'individu est plongé au sein d'un univers de signes routiers : vert-tu-roules, rouge-t'arrêtes, une-flèche-tu-tournes. Le jugement est neutralisé, aucun appel à la réflexion n'est émis, mais l'illusion de liberté de mouvement de l'individu est toujours maintenu (« N'écoute que toi »).

> Les enfants, les égarés sont comme des feuilles
> Et l'écran leur offre l'encre de la violence
> À la recherche d'une identité d'une vérité
> De la frontière entre le clair et l'obscur [...]
> (*La 25ᵉ heure*, chanson tirée de IAM dans le film *La Haine*.)

La littérature comme tu la proposes, Frédéric, « [lumineuse tel un] inépuisable réservoir de beauté et d'imagination, [un] bassin nourricier du langage, [un] condensé de civilisations, [un] océan tumultueux au fond duquel sont enfoncés des trésors de vérité à découvrir », me la fait sentir proche de la vision que j'en ai déjà, soit celle d'une porte ouverte sur la culture universelle.

Je sais maintenant qu'il ne faut plus regarder de haut ceux qui ne savent pas lire (tous ces ados ordinaires au destin ordinaire), mais bien leur ouvrir un livre. Il faut rééduquer les pensées. Le combat s'annonce long. Je ne sais pas si je vois le verre à moitié plein ou complètement vide et, à dire vrai, je ne sais même pas par où commencer. Du haut de mon petit morceau d'occidentalité, quelque part au milieu du confort de l'indifférence, j'ai longtemps cherché quelque chose, une situation, une injustice, une institution, un engagement, une cause à laquelle me rallier. De la guerre au Kosovo à la situation de l'otarie hypocondriaque en Mongolie, en passant par toutes les formes d'injustices connues, une par une je les ai épluchées, questionnées et remises en cause, de mon A jusqu'à leur Z, afin de trouver vers laquelle me tourner, et, à la limite, pour laquelle donner ma vie. Mais à chaque fois que je croyais avoir trouvé, quelque chose m'amenait à m'ouvrir sur une autre situation : le noir dans ma tête ne cessait d'éclater, comme une chaîne de causes à effets, et je perdais le fil de mes idées. C'est alors que j'ai compris qu'il ne fallait plus se battre contre l'ennemi, mais prendre possession de tout ce à quoi nous avions droit. Qu'il ne fallait pas se défendre contre l'oppression, mais revendiquer haut et fort notre droit d'exister.

Il faut redonner à l'homme sa grandeur et lui réapprendre à coudre des parcelles d'univers.

Bien à je, tu, il, nous, vous, elles et toi.

Gabrielle Tremblay

X

Cher professeur,

Puisque vous nous écrivez une lettre, et qu'à ce titre, je la considère comme quelque chose de personnel, je compte utiliser ma pleine liberté d'expression en espérant que vous soyez de ceux qui, comme vous l'écrivez, sont capables de «[se] taire pour écouter, [...] pour goûter toutes les nuances de la pensée d'un autre».

À la lecture de votre écrit, j'ai envie de dire: «Ouf... Enfin!». Enfin, voilà quelqu'un, en l'occurrence un membre du corps professoral, qui crie haut et fort ce qui se doit d'être dit! Enfin quelqu'un qui me considère avec suffisamment d'intérêt pour tenter d'établir avec moi une réelle conversation intelligente. Après autant d'années à écrire selon les exigences, les moules et les carcans de notre système scolaire, j'en étais arrivée à douter de ma propre capacité d'écrire un texte qui me ressemble vraiment. Nous, pauvres étudiants, ne sommes peut-être pas créateurs, mais avons-nous seulement déjà eu l'occasion de l'être?

Aussi, combien de fois ai-je lu des livres pour lesquels tout ce qu'on attendait de moi était pure analyse, sans jamais oser me demander si ce texte pouvait, de quelque façon, prendre vie en moi. Pourtant, je sais que c'est là l'essentiel de la lecture, et que c'est par cette unique voie qu'elle peut nous aider à « avoir davantage de prise sur [notre] vie, faire évoluer [notre] façon de vivre, de voir, de penser […] ». Est-ce à dire que je suis contre l'analyse ? Bien au contraire, je crois comme vous qu'une analyse assidue est indispensable pour dégager cet essentiel, et qu'il est surtout dommage que personne n'insiste sur ce fait. Aussi, j'avoue un peu honteusement avoir eu mal au ventre après vous avoir lu, ayant pris conscience très brutalement que, de toutes mes lectures, il ne me reste que l'équivalent d'une poussière microscopique. Toutefois, sachez que la partie n'est pas perdue, et qu'elle ne fait que commencer : j'ai toujours lu beaucoup, et je m'appliquerai désormais à le faire intelligemment. Je chercherai le sens profond des mots, et ramènerai les éléments de la fiction à ma propre réalité pour qu'elle m'aide à mieux comprendre celle-ci.

Par ailleurs, j'ajouterai en terminant que votre réflexion sur le bien-fondé de l'étude des « grandes œuvres » m'a moi-même amenée à réfléchir. En effet, à mesure que vos mots résonnaient en moi, je me remémorais les récits de mon père alors qu'il était au collège des Jésuites, qui, en ces temps-là, ne mettaient au programme que ces «classiques». Lui, qui a toujours lu beaucoup, m'a répété mille fois qu'il n'aurait pu le faire avec autant d'entrain s'il n'avait préalablement compris Balzac, Hugo, et tant d'autres. Il ajoutait: «L'amour, la vie et la mort sont des thèmes universels. Aussi, si tu as à les étudier, fais-le avec les meilleurs». Les paroles de mon père se confirment ici en les vôtres, et prennent pour moi tout leur sens. De même, je me dis que ces Jésuites, que l'on critique partout et toujours à coup de jugements pro-laïcs, n'étaient peut-être pas aussi bêtes qu'on serait porté à le croire. Du moins, c'est là mon avis.

Je terminerai ici cette lettre parce qu'il le faut, mais n'omettrai pas de vous remercier sincèrement pour l'habile et honorable tentative que vous avez faite pour nous «apprendre à apprendre» Vous m'avez inspirée...

Au plaisir de voir cette expérience se renouveler,
Sincèrement vôtre,

Jessica Talbot

XI

Monsieur Julien,

Je réponds par la présente à votre lettre aux étudiants, dans laquelle vous nous vantez les mérites personnels de la lecture. Il est assez amusant, voire ridicule, de constater l'omniprésence de ce discours dans la plupart des publications sur le sujet et de n'en voir aucune suite dans la vie de tous les jours. Bien peu de gens diraient en effet que la littérature est abrutissante et pousse la jeunesse à s'éloigner des vraies considérations de notre société. Mais force est de constater que la lecture reste considérée comme une activité d'intellectuels.

Vous avouez vous-même qu'il vous faut toujours faire un effort pour vous lancer dans un nouveau bouquin. Cela est tout de même probablement plus aisé maintenant que lorsque vous vous êtes retrouvé seul pour la première fois avec une œuvre de plus de cent pages. Après avoir découvert *Les Trois Mousquetaires* d'Alexandre Dumas ou *Le Seigneur des Anneaux* de Tolkien, n'importe qui serait prêt à donner le bénéfice du doute à la première histoire venue, dans *l'espoir* d'y retrouver une parcelle de l'imaginaire déployé dans ces deux ouvrages! Il faut donc, je crois, avoir déjà lu, et plus d'un livre, pour être incité à ouvrir un bouquin comme lecture de chevet, ce qui fait de la littérature un «cercle vicieux»: attirant dès que l'on y met le pied, mais très peu tentant vu de l'extérieur. De cercle vicieux on passe donc rapidement à cercle fermé: on a déjà lu ou l'on ne lira jamais. Je compare la lecture au ski: on doit se préparer, affronter un départ parfois assez pénible, faire un effort pour suivre le parcours avant de se lancer sur une piste plus ou moins captivante selon le cas, et où l'on risque même de se casser la figure! En effet, une lecture de *Mein Kampf* de Hitler peut, si l'on n'est pas préparé, sérieusement troubler la logique fragile du nouveau penseur et le porter à accepter des arguments bidons («du moment qu'on les lui répète assez souvent», selon Goebbels, ministre de la Propagande nazie)!

Vous soulignez également dans vos commentaires au sujet de *Fahrenheit 451* que notre société court constamment le risque de perdre sa capacité de penser et de ne plus privilégier que le divertissement et l'oubli du tourment (il serait intéressant de savoir où se situe le débat sur la légalisation des hallucinogènes dans un tel contexte...). Je trouve intéressant que vous sembliez proposer la littérature comme point milieu entre la raison et le plaisir pour mieux construire le monde. Il est cependant facile de décider de lancer un message et de vouloir le diluer dans un contexte où il ne s'applique que trop bien ou alors d'enjoliver cette prétendue philosophie de quelque conte. Pour faire avancer le débat, il est nécessaire d'avoir une argumentation et non de fournir des œuvres dont le seul motif est de servir d'exemples en tant que faits divers. C'est un peu la différence entre certains films patriotiques américains et *1984* de George Orwell. Les premiers ne sont que de courts messages à but simple alors que le second est un débat en soi et permet au lecteur d'observer les multiples faces d'un problème et de former sa propre opinion, basée sur des faits et non des incitations.

Un bon exemple de dérapage malgré les meilleures intentions du monde est *Le Monde de Sophie*, qui est un ouvrage d'introduction à la philosophie, traitant de la rencontre de la jeune Sophie avec un maître à penser. Alors que l'on voit vers le début de l'ouvrage un désir de faire réagir le lecteur face aux opinions des premiers philosophes, on en vient rapidement à un simple cours vulgarisé sur papier qui nous donne vite envie de sauter par-dessus le cœur du livre, soit les passages théoriques sur l'histoire de la philosophie, pour arriver à la suite de la petite histoire, ma foi bien agréable mais ne pouvant répondre à l'objectif du livre, c'est-à-dire nous apprendre à penser.

En terminant, je ne crois pas que la littérature soit inaccessible, mais, un peu comme la rougeole, que le baptême en est plus difficile avec l'âge. Ce ne sont pas non plus les petits carnets du genre *Mémo s'en va à l'école* qui inciteront un jour les enfants à lire. Non, ce serait beaucoup plus dans la lecture faite aux jeunes, comme par exemple, la lecture du *Petit Prince*, que l'on peut comprendre et assimiler à tout âge mais qui nous apporte quelque chose de nouveau à tous les dix ans. Je suis donc d'accord avec vous sur le fait que la littérature est un excellent moyen d'apprendre à réfléchir, mais il faut d'abord aimer lire pour ensuite aimer analyser ce qu'on lit. Comme vous le dites, la télévision pourrait remplir cette fonction, l'image étant quelque chose de très captivant, mais les cotes d'écoute sont peut-être plus importantes que la juste information du téléspectateur...

Renaud Loiselle Dupuis

XII

Cher Frédéric,

Suite à la lecture de votre lettre, j'ai été très étonné de voir toute l'ardeur que vous mettiez à expliquer le fond de votre pensée à votre nouvelle classe. Tous vos arguments étant structurés et merveilleusement appuyés, votre texte ne pouvait pas me laisser indifférent ; je suis donc entré dans une sorte de profonde méditation sur ce que vous veniez de soulever. Au début, certains propos m'ont choqué : je me demandais si vous vouliez réellement que tous vos étudiants jettent leur téléviseur par la fenêtre. À vrai dire, j'ai été déçu par l'image stéréotypée des jeunes que vous projetiez et je n'aimais pas me faire considérer comme un de ces étudiants sans initiative qui optent pour la facilité. Ce n'est réellement qu'après une intense relecture et vos explications en classe que j'ai compris que vous cherchiez à nous provoquer pour nous pousser à réagir.

Tout d'abord, j'ai adoré ce que vous avanciez sur *Fahrenheit 451*, car j'ai eu l'occasion de faire l'analyse de cette œuvre au secondaire et j'ai hâte de voir les points qui vont en ressortir durant les forums.

Par contre, en ce qui a trait à l'image, il est difficile de savoir exactement si elle fait plus de mal que de bien car, à mon sens, il faut tenir compte du contexte dans lequel on l'utilise et à quelle fin. Lorsque vous parlez de « "métaboliser" l'information pour en faire quelque chose de véritablement utile à la croissance et au bien-être de l'individu », je pense, pour ma part, que l'information peut servir à autre chose. Il est vrai que la plupart des images que l'on peut voir le samedi soir à la télévision n'aident aucunement l'homme à s'actualiser. Mais est-il absolument nécessaire de tirer profit de chaque image ? N'est-il pas agréable et même nécessaire à notre équilibre de pouvoir regarder une belle image simplement pour l'unique raison qu'elle est belle ? Pour moi, il en est de même pour une information écrite. J'aime bien me détendre en lisant des pages au hasard dans une encyclopédie sans chercher à faire une étude poussée sur ce que je viens de lire. Je le fais simplement pour le plaisir de lire sans but précis, et je ne me considère pas comme un paresseux parce que j'aime me divertir quelquefois.

Aussi, je me suis arrêté sur cette affirmation que vous émettiez à l'effet que « [...] pour être capable de s'extirper de la fascination qu'exerce une image [...] il faut d'abord avoir appris à lire, il faut avoir appris à prendre de la distance ». Bien que très jeune, la vie m'a déjà appris que le fait de prendre de la distance par rapport à une situation donnée est un élément clé pour en tirer quelque chose de bénéfique. Par contre, je suis réticent à l'idée d'admettre que c'est la littérature qui nous apprend à « lire » de la meilleure façon, car il y a d'autres excellentes méthodes pour « décoder un discours. Organiser sa pensée. Apprendre ». Le simple fait de discuter avec nos proches, s'expliquer ou même débattre avec ceux-ci sur un sujet quelconque nous aide à nous exprimer de façon efficace et à mettre de l'ordre dans nos informations. Il m'arrive souvent avec mes amis de passer de longs moments à discuter de problèmes d'éthique, où la réponse réside souvent dans les valeurs en chacun de nous. C'est en jonglant avec les idées et en répétant ce genre d'activité que l'on peut devenir bon à « lire ».

De plus, le fait de privilégier le divertissement ne nous a pas nécessairement désappris à penser. Effectivement, certaines personnes vont toujours opter pour la facilité, mais il est possible de se stimuler mentalement par d'autres moyens que la lecture. Par exemple, cela peut sembler bizarre, mais je crois foncièrement que certains concepteurs de jeux vidéo nous amènent, par l'intermédiaire de leur œuvre, à réfléchir, à nous remettre en question et à nous dépasser dans une quelconque mise en situation. Ces jeux qui nous forcent à réfléchir ne seront probablement jamais aussi enrichissants que la lecture d'une œuvre, mais je crois que c'est quand même un excellent moyen de rejoindre cette masse qui n'a pas ou peu d'intérêt pour la littérature. Pour ma part, je suis conscient qu'il n'est pas facile de passer au travers d'un livre, mais je considère cet effort comme un investissement qui sera toujours rentable.

Au plaisir d'en discuter en classe.

Jordan Brunelle

Table des matières

Achevé d'imprimer
sur les presses de
Marc Veilleux imprimeur
à Boucherville
le huitième jour du mois de septembre
de l'an deux mille deux.

Dépôt légal : 3e trimestre 2002
Bibliothèque nationale du Québec
ISBN : 2-922712-10-9